Das Ruhrgebiet – es steht wie keine zweite Region in Deutschland für echte Maloche, wie es die Menschen im „Pott“ bezeichnen würden. Ehrliche und harte Arbeit, das waren stets die Attribute, die im größten Ballungsgebiet Europas einen hohen Stellenwert genossen. Doch das Ruhrgebiet kann mehr. Und es zeigt dies nicht erst, seitdem es für das kommende Jahr zur Kulturhauptstadt Europas gekürt wurde. Rauchende Schornsteine, verbaute Landschaften und schlechte Luft sind schon längst nicht mehr die Markenzeichen des Ruhrgebiets. Der „Pulsschlag aus Stahl“, den Herbert Grönemeyer einst in seiner Hymne an die Ruhrgebietsstadt Bochum besang, hat sich zu einem pulsierenden Mix aus attraktiven Kulturangeboten, modernen Sportstätten, vielfältigen Dienstleistungszentren und idyllischen Landschaften entwickelt. Das Herz, das zählt, wie Grönemeyer es im gleichen Song umschrieb, haben sich die Menschen im Ruhrgebiet dagegen bewahrt.

Wir, der Sutter Telefonbuchverlag, sind gerne ein Teil dieser großen Gemeinschaft, fühlen uns inmitten von Essen, einer der Metropolen im Ruhrgebiet, bestens aufgehoben. Wir identifizieren uns mit der Region, auf die im nächsten Jahr der ganze Kontinent schauen wird. Und wir bemühen uns, jenen Gemeinschaftssinn auch mit unseren Niederlassungen in Detmold, Stuttgart und Ketzin zu praktizieren. Deshalb ist dieser Bildband, angereichert mit den eindrucksvollen Ausführungen des bekannten Journalisten Fritz Pleitgen, einem Kind des Ruhrgebiets, nicht nur ein optischer Genuss. Er ist auch eine Einladung, Europas Kulturhauptstadt 2010 in all seinen Facetten kennenzulernen. Und nicht zuletzt verbirgt sich hinter „Im Flug über das Ruhrgebiet“ der Wunsch, sich gemeinsam mit uns den Herausforderungen der Zukunft zu stellen.

In diesem Sinne wünsche ich Ihnen ein friedliches und harmonisches Weihnachtsfest.
Glückauf,

Ihr
Bernhard Lüders
Geschäftsführer
Sutter Telefonbuchverlag GmbH

IM FLUG ÜBER DAS IN FLIGHT OVER THE

RUHRGEBIET

deutsch | englisch

Fritz Pleitgen | Jochen Knobloch

Mitarbeit: Nikolaj Beier

Translation: Margaret Will

HINSTORFF

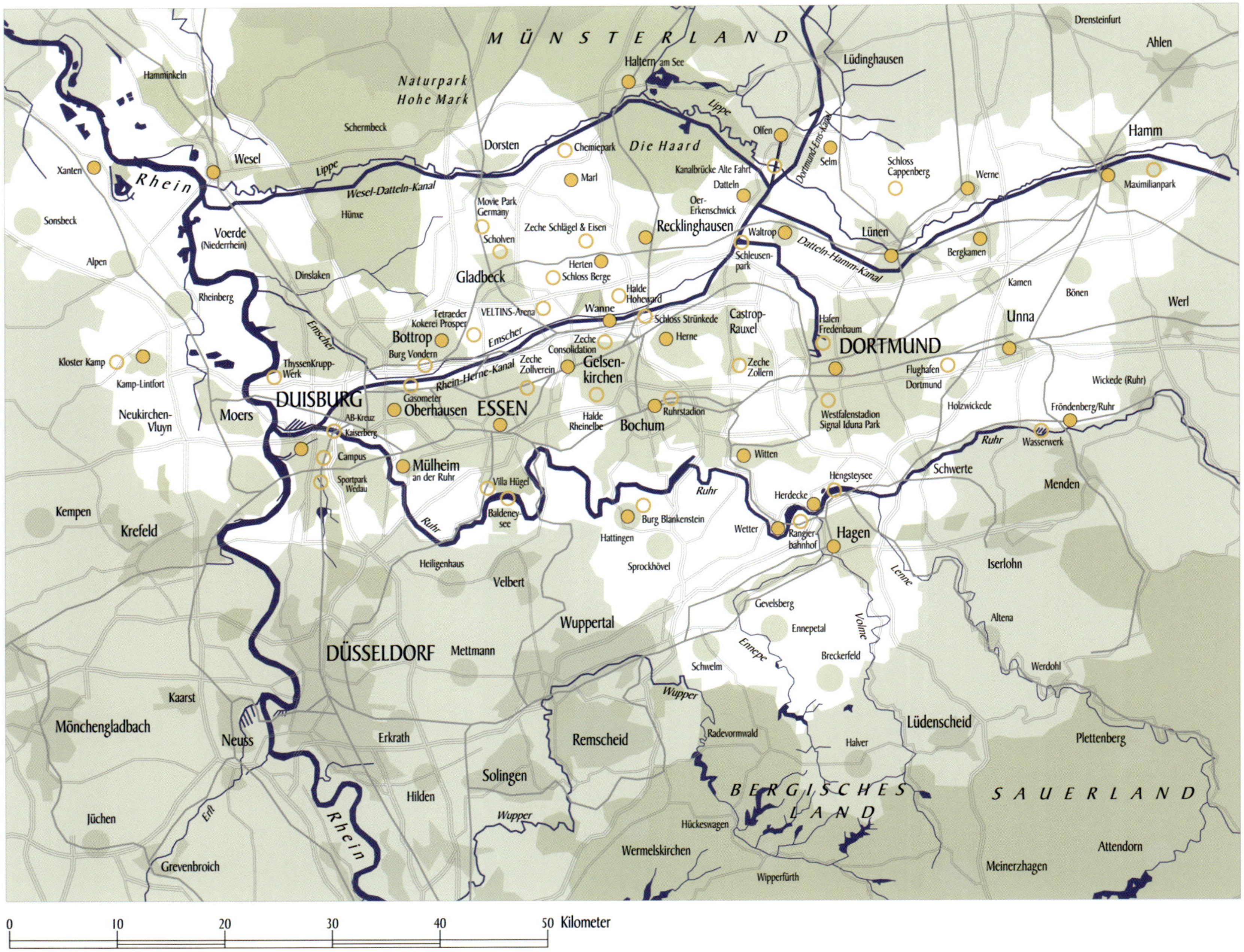

MÜNSTERLAND
Naturpark Hohe Mark
Die Haard
BERGISCHES LAND
SAUERLAND
Rhein
Lippe
Emscher
Ruhr
Lenne
Volme
Ennepe
Wupper
Erft
Wesel-Datteln-Kanal
Rhein-Herne-Kanal
Datteln-Hamm-Kanal
Dortmund-Ems-Kanal
Drensteinfurt
Ahlen
Haltern am See
Lüdinghausen
Hamminkeln
Schermbeck
Wesel
Xanten
Sonsbeck
Alpen
Hünxe
Voerde (Niederrhein)
Dinslaken
Rheinberg
Dorsten
Chemiepark
Marl
Olfen
Selm
Kanalbrücke Alte Fahrt
Datteln
Oer-Erkenschwick
Schloss Cappenberg
Werne
Hamm
Maximilianpark
Movie Park Germany
Scholven
Zeche Schlägel & Eisen
Recklinghausen
Waltrop
Schleusenpark
Lünen
Bergkamen
Kamen
Bönen
Werl
Gladbeck
Herten
Schloss Berge
Halde Hoheward
Tetraeder
Kokerei Prosper
VELTINS-Arena
Wanne
Schloss Strünkede
Castrop-Rauxel
Hafen Fredenbaum
DORTMUND
Unna
Bottrop
Burg Vondern
Herne
Zeche Consolidation
Zeche Zollverein
Gelsenkirchen
Zeche Zollern
Flughafen Dortmund
Wickede (Ruhr)
Kloster Kamp
Kamp-Lintfort
ThyssenKrupp-Werk
Gasometer
DUISBURG
Oberhausen
ESSEN
Halde Rheinelbe
Bochum
Ruhrstadion
Westfalenstadion Signal Iduna Park
Holzwickede
Fröndenberg/Ruhr
Wasserwerk
Neukirchen-Vluyn
Moers
AB-Kreuz Kaiserberg
Campus
Sportpark Wedau
Mülheim an der Ruhr
Villa Hügel
Baldeneysee
Witten
Hengsteysee
Schwerte
Menden
Herdecke
Burg Blankenstein
Hattingen
Wetter
Rangierbahnhof
Hagen
Kempen
Krefeld
Heiligenhaus
Sprockhövel
Iserlohn
Velbert
Gevelsberg
Ennepetal
Altena
Wuppertal
Breckerfeld
DÜSSELDORF
Mettmann
Schwelm
Werdohl
Kaarst
Mönchengladbach
Neuss
Erkrath
Remscheid
Radevormwald
Halver
Lüdenscheid
Plettenberg
Solingen
Hilden
Jüchen
Hückeswagen
Wermelskirchen
Grevenbroich
Meinerzhagen
Attendorn
Wipperfürth
0 10 20 30 40 50 Kilometer

VOM KOHLENPOTT ZUR KULTURMETROPOLE RUHR

Ein persönlicher Blick auf den Wandel im Ruhrgebiet

Die ersten bewussten Wahrnehmungen in meinem Leben waren Sirenengeheul und Flammen – kein sympathischer Anfang, aber das lag an den Verhältnissen. Während meiner Kindheit herrschte Krieg. Meine Familie lebte in Essen. Auf das gesamte Ruhrgebiet, der „Waffenschmiede" des Deutschen Reiches, gingen Tag und Nacht fürchterliche Bombenhagel nieder. Viele Tausend Menschen kamen elendig um. Wir verloren nur unser Hab und Gut, das allerdings restlos.

Geboren wurde ich am 21. März 1938 in Duisburg-Meiderich. Der Frieden war bereits brüchig, denn längst und immer offensichtlicher hatten die Nazis damit begonnen, ihre Wahnvorstellungen umzusetzen. Wie ich mir habe erzählen lassen, waren meine Eltern davon nicht beglückt, aber als bitterarme Menschen hatten sie andere Sorgen. Sie konnten ja nicht ahnen, wohin das alles führen sollte.

Mein Vater ließ auf Duisburg nichts kommen. Von hier aus habe es der Kartograf Mercator zu ewigem Ruhm gebracht, ebenso Wilhelm Lehmbruck, der vom Bergmannssohn zum anerkannten Bildhauer aufgestiegen sei. Im Übrigen beheimate die Stadt den größten Binnenhafen Europas. Bei der Aufzählung der Duisburger Trümpfe vergaß

THE RUHR: FROM COAL BASIN TO CULTURAL METROPOLIS

A Personal View of the Changes in the Ruhr

The first conscious perceptions in my life were wailing sirens and flames – not a pleasant beginning, but that was due to the circumstances. War was raging during my childhood. My family lived in Essen. A terrifying hail of bombs fell day and night over the entire region of the Ruhr, the "armoury" of the Third Reich. Thousands and thousands of people died miserably. We lost only our belongings, but those we lost completely.

I was born on 21 March 1938 in Duisburg-Meiderich. Peace was already shaky then because the Nazis had long before begun to put their delusional ideas into practice with ever-increasing blatancy. As I have been told, my parents were not happy with the situation, but their extreme poverty left them with other issues. Of course they could not foresee where all this was leading.

My father wouldn't have anything said against Duisburg. The cartographer Mercator from Duisburg had achieved immortal fame, and so had Wilhelm Lehmbruck, who rose from coalminer's son to famous sculptor. Moreover the city was home to Europe's largest inland port. In his enumeration of Duisburg's trumps my father never failed to

mein Vater nie, auch den Meidericher Spielverein zu erwähnen, den er selbst in Zeiten sportlicher Malaisen unerschütterlich zur deutschen Fußball-Elite zählte.

Als mein Vater eine Anstellung beim Krupp-Konzern fand, zogen wir nach Essen, so dass meine Wiege bereits sechs Monate nach meiner Geburt nicht mehr in Duisburg stand. Dies kann Duisburger bis heute nicht abhalten, mich als einen Sohn, einen Bürger ihrer Stadt zu reklamieren. Das ehrt mich sehr. Ich selbst betrachte mich allerdings noch mehr als Kind des Ruhrgebiets.

In Essen wohnten wir in Holsterhausen in der ehemaligen Simsonstraße 31, die der brachiale Zeitgeist in Gustloffstraße umbenannt hatte. Der Name des ersten (und jüdischen) Reichstagspräsidenten Eduard von Simson war gegen den des zum Märtyrer stilisierten Landesgruppenleiter der NSDAP-Auslandsorganisation in der Schweiz, Wilhelm Gustloff, ausgetauscht worden.

Um vor den ständigen Bombenangriffen Schutz zu suchen, flüchteten wir in den Luftschutzkeller des nahe gelegenen evangelischen Wichernhauses. Sehr sicher war es dort auch nicht. Einem Brandbombenangriff konnten wir, wie ich mich noch erinnere, nur mit knapper Not entkommen. Die Flammen, die den Ausgang versperrten, wurden erst in letzter Minute eingedämmt.

Mein Vater hatte sich bei Krupp zum Technischen Zeichner hochgearbeitet. Es war die bis dahin beste Zeit der Familie – wenn nicht der Krieg gewesen wäre. Man hatte uns in der Kruppschen Siedlung eine gute Wohnung zugeteilt. Der Bombenterror machte das Leben allerdings sehr bald zur Tortur.

So wurde denn meine Mutter mit meinem fünf Jahre älteren Bruder und mir nach Schlesien evakuiert. Kurze Zeit später gab es unsere Doppelhaushälfte in Essen nicht mehr. Da mein Vater und meine Schwester im Werksbunker saßen, einer meiner Brüder als Flakhelfer diente und der älteste an der Front war, kam aus unserer Familie bei dem Volltreffer niemand ums Leben.

mention the Meidericher Spielverein, which he unshakably ranked with the German football (soccer) elite even during the sports club's darker hours.

When my father got a job at Krupp we moved to Essen, so that already six months after my birth my cradle was no longer rocking in Duisburg. This does not stop Duisburgers from claiming me as a native son and citizen of the city even today. I consider this a great honour, although I in fact regard myself more as a child of the Ruhr.

In Essen we lived in Holsterhausen at number 31 on what had been Simsonstrasse, which the ruthless *Zeitgeist* had renamed Gustloffstrasse. The name of the first Reichstag president, Eduard von Simson, who was Jewish, had been replaced with that of the leader of the NSDAP foreign section in Switzerland, Wilhelm Gustloff, who had been styled as a martyr.

To find protection from the constant bombing attacks we took refuge in the air raid shelter of the nearby Evangelical-Lutheran Wichernhaus. It wasn't very safe there either. As I still remember, there was one fire bomb attack that we just barely escaped. The flames blocking the exit were brought under control only at the last minute.

My father had worked his way up and had become a technical draftsman at Krupp. It was the best time the family had had up till then – if it hadn't been for the war. We had been given a nice apartment in the Krupp workers' housing development. But the terror of the bombing very soon made life an ordeal. My mother was evacuated to Silesia with me and my brother, who was five years older than I was. A short time later our semi-detached house in Essen no longer existed. My father and sister had been in a Krupp bunker, one of my brothers was

Duisburg, Sportpark Wedau mit der MSV-Arena (Spielstätte des MSV Duisburg) und der Regattabahn
Duisburg, Wedau Sport Park with the MSV Arena (home field for MSV Duisburg) and the regatta course

In Schlesien erlebte meine Mutter mit ihren beiden jüngsten Kindern bittere Armut, aber vom Krieg war anfangs nichts zu spüren. Doch dieser Zustand sollte nicht lange andauern. Unter dramatischen Umständen flüchteten wir vor der Roten Armee, von der wir fast überrollt worden wären.

Eigentlich wollten wir von Liegnitz aus mit der Eisenbahn über Dresden nach Westen gelangen. Um die letzten Plätze wurde in Todesangst brutal gekämpft. Wir flogen aus dem Zug und entwischten den von Osten heranstürmenden Truppen nur knapp über die Berliner Strecke, die damals wegen der ständigen Tiefflieger-Bombenangriffe als Todesroute galt. Wir kamen mit dem Leben davon. Körperlich unversehrt, aber abgerissen gelangten wir nach Ostwestfalen – während viele Schlesier im Bomben-Inferno von Dresden ums Leben kamen.

Die Kriegszeit war in zweierlei Hinsicht prägend für mich: Zum einen weckte sie in mir von Kindesbeinen an eine abgrundtiefe Abneigung gegen politische Gewaltlösungen, zum anderen legten die frühen Flucht- und Umzugserfahrungen wohl den Grundstein für mein späteres unstetes Leben.

Zunächst beschränkten sich meine Reisen auf Besuche bei den im nun knapp 200 Kilometer entfernten Duisburg wohnenden Großeltern. Diese Ausflüge waren in der Nachkriegszeit makaber und abenteuerlich. In dem Moment, in dem die Verwüstung der Straßen, Bahnlinien und Brücken sprunghaft zunahmen, wusste man, dass man im Ruhrgebiet angelangt war. So erinnere ich mich sehr deutlich an die fürchterlichen Zerstörungen der Städte Duisburg und Essen.

Obwohl ich bis zu meinem 25. Lebensjahr in Ostwestfalen wohnte, fühlte ich mich als Ruhrgebietler. Wenn es gefordert wurde, schnurrte ich, wie von meinem Vater gelernt, die Kernbotschaften über Duisburg herunter. Das Gymnasium bereitete mir Freude – bis ich ein Angebot erhielt, das Weichen für mein Leben stellte. Ich wurde gefragt, ob ich über sportliche Ereignisse, vornehmlich Fußball, in Bünde und

serving as an anti-aircraft helper, and the oldest was at the front, so no one from our family died as a result of the direct hit.

In Silesia my mother endured abject poverty with her two youngest children, but initially there was nothing to be felt of the war. This situation was not to last long. Under dramatic conditions we fled from the Red Army, which almost overran us.

We actually intended to go west by train from Liegnitz by way of Dresden. With the fear of death upon everyone, there was a brutal struggle for the last places on the train. We were turned out and only barely escaped the troops that were charging up from the East as we fled via the Berlin route, considered the Death Route at the time because of constant low-flying bombing attacks. We got away with our lives, reaching eastern Westphalia physically unscathed but in rags and tatters – whereas many Silesians lost their lives in the bombing inferno in Dresden.

Wartime shaped me in two respects: on the one hand, it kindled my profound rejection, from an early age on, of political solutions involving force; on the other hand, these early experiences of flight and moving probably laid the foundation for my later restless life.

At first my trips were limited to visits to my grandparents, who lived about 200 kilometres away in Duisburg. These excursions during the post-war period were macabre and adventurous. One knew one had reached the Ruhr region when a marked increase in devastation of streets, railway lines and bridges was to be seen. I very clearly remember the terrible destruction in the cities of Duisburg and Essen.

Although I lived in eastern Westphalia until I was 25, I felt like a native of the Ruhr. On demand I could rattle off the core information about Duisburg that I had learned from my father. I liked *Gymnasium* (secondary school) – until I received an offer that was to set the course for my life. I was asked if I would like to write about sporting events, mostly football in Bünde and its surroundings, for the local edition of the Freie Presse. I was not yet 15 years old at the time.

Rhein-Herne-Kanal mit dem Kohlekraftwerk Herne und den Häfen Wanne-Ost und -West
Rhine-Herne Canal with the Herne coal power station and the East and West Wanne harbours

Umgebung für die Lokalausgabe der Freien Presse Berichte schreiben wollte. Damals war ich noch keine 15 Jahre alt.

Im Laufe der Zeit dehnte ich meine Reporter-Tätigkeit aus. Je mehr es mit dem Journalismus bergauf ging, desto mehr ging es in der Schule bergab. Das Verhältnis zu den Lehrern war kaum als spannungsfrei zu bezeichnen. Und so dürfte die Erleichterung gegenseitig gewesen sein, als ich die Bildungsanstalt vorzeitig verließ.

Zur Entfremdung zwischen Schule und mir hatte auch meine Neigung beigetragen, mich gelegentlich zu größeren Ausflügen aufs Fahrrad zu schwingen; Ausflügen, die mich bis nach Hammerfest, die nördlichste Stadt Europas, in die Pyrenäen und nach Rom führten. Zwischendurch tauchte ich zu Kurzvisiten in Paris auf. Anfang und Mitte der 50er-Jahre kamen derartige Trips kleinen Weltreisen gleich.

Dass ich ein Jahr vor dem Abitur die Schule quittierte, beschwerte mich nicht weiter. Ich konnte mich nun ganz dem Journalismus hingeben. Sofort nach meiner Volljährigkeit, damals noch mit 21 Jahren, startete ich mein Volontariat bei der Freien Presse, für die ich danach noch eine Zeit lang als Reporter unterwegs war. So gelangte ich gelegentlich ins Ruhrgebiet. Das Leben in den ramponierten und teils nur notdürftig wieder hergestellten Städten kam mir nicht sonderlich attraktiv vor, zumal die von Schwerindustrie geschwängerte Luft das Atmen nicht leicht machte. Andererseits imponierte mir der Lebensmut der Bevölkerung. In Rekordzeit hatte sie nach dem Krieg die Kohle- und Stahlanlagen wieder in Gang gesetzt. Das Ruhrgebiet wurde zum Motor des deutschen Wirtschaftswunders. Auch im Fußball stellte es bald wieder eine Macht dar. Was sich kulturell tat, entging mir, wie das bei den meisten Menschen außerhalb der Region der Fall war.

Mit dieser Unkenntnis sollte es vorbei sein, als ich 1963 zur Tagesschau-Redaktion des Westdeutschen Rundfunks wechselte. Ich lernte das Ruhrgebiet nun durch zahlreiche Reportage-Reisen kennen. So wurde mir schnell klar, welche inspirierende Kraft die Ruhrfestspiele, das Bochumer Schauspielhaus und das Museum Folkwang in Essen

In the course of time I expanded my activities as a reporter. The better things went with my journalism, the worse things went in school. The relationship with my teachers could hardly be described as stress-free. And so it was probably a relief on both sides when I left school early.

My inclination to take off on long excursions on my bicycle contributed to the estrangement between me and school; these trips took me as far as Hammerfest, Europe's northernmost city, into the Pyrenees and to Rome. Occasionally, I would turn up in Paris for short visits. In the early and mid-1950s such trips were like world tours.

Quitting school one year before *Abitur* (the university-entrance diploma) did not bother me, as it meant I could devote myself completely to journalism. Immediately after I came of age – at that time not until 21 – I started my traineeship at the Freie Presse, for which I later worked for some time as a reporter. This occasionally took me to the Ruhr. Life in the battered cities, where reconstruction was often still only makeshift, did not seem particularly attractive to me, especially since the air pollution caused by the heavy industry did not make breathing easy. On the other hand I was impressed by the optimism of the population. They had put the coal and steel works back into business in record time after the war. The Ruhr became the major force behind the German economic miracle. And it also became a powerful force in football again. What was happening there culturally escaped my notice, as was the case for most of the people living outside the region.

This lack of awareness was to come to an end in 1963 when I moved to the editorial staff of the Tagesschau (news program) of the Westdeutscher Rundfunk (WDR/West German Broadcasting). I then got to know the Ruhr region through numerous on-the-spot reports. I quickly recognized the inspiring energy generated by the Ruhrfestspiele (Ruhr Festival), the Bochum Theatre and the Folkwang Museum in Essen as centres of modern art. Economic developments were less encouraging. The population in the Ruhr was able to enjoy the economic

Hamm, Rangierbahnhof
Hamm, switchyard

als Zentren der modernen Kunst entwickelten. Weniger erfreulich waren die wirtschaftlichen Tendenzen. Den Menschen im Revier blieb nur eine kurze Zeit, den ökonomischen Aufschwung zu genießen. Der Bergbau geriet in die Krise. Die Kohleförderung wurde im internationalen Wettbewerb zu teuer. Mehr und mehr Zechen mussten schließen.

Als Reporter hatte ich über den dramatischen Niedergang des Bergbaus zu berichten. Ich wurde Zeuge bewegender Demonstrationen. Zehntausende gingen auf die Straße. Schwarze Fahnen wurden gehisst. Wut und Verzweiflung artikulierten sich auf den Kundgebungen. Das Schicksal der Bergleute, die während der Industrialisierung und des Wirtschaftswunders Stolz und Hoffnung von Deutschland gewesen waren, bewegte mich zutiefst.

Damals bewiesen zwei Männer, die nacheinander Ministerpräsidenten in Nordrhein-Westfalen waren, viel Herz und Weitsicht: Franz Meyers (CDU) und Heinz Kühn (SPD). Im Landtagswahlkampf 1962 sagte Meyers über das Ruhrgebiet: „In diesem rheinisch-westfälischen Industriegebiet fallen nicht nur im wirtschaftlichen und sozialen, sondern auch im gesellschaftlichen und staatspolitischen Sinne die wesentlichen Entscheidungen über die Grundfragen, auf denen sich unser öffentliches Leben in Zukunft gestalten wird." Der lebensfrohe Rheinländer Meyers stellte wichtige Weichen für den Strukturwandel. Er setzte den Bau des Opel-Werks Bochum durch, und mit der Ruhr-Universität Bochum fiel auch die erste Uni-Gründung der jungen Bundesrepublik Deutschland in die Meyers-Ära. Heinz Kühn konnte 1968 bereits ein auf fünf Jahre angelegtes „Entwicklungsprogramm Ruhr" vorstellen. Er erkannte als einer der Ersten, dass die Region nicht nur eines handfesten Strukturwandels, sondern auch eines Imagewandels bedurfte: „Schließlich muss im Ruhrgebiet selbst, aber auch im In- und Ausland eine noch bessere Information über die wirkliche Lage an der Ruhr durchgeführt werden."

Ein Imagewandel stand in den 60er-Jahren allerdings noch in den Sternen. Die Verzweiflung der Menschen forderte elementarere Ergebnis-

boom for only a short period. The mining industry entered a crisis. Coal mining became too expensive for international competition. More and more mines had to close down.

As a reporter I had to cover the dramatic decline of the mining industry. I was witness to stirring demonstrations, with tens of thousands of people taking to the streets. Black flags were hoisted. Anger and desperation were articulated at these rallies. The fate of the miners, who had been the pride and hope of Germany during industrialization and the economic miracle, moved me deeply.

At that time, two men who served one after the other as *Ministerpräsident* (premier or governor) of the *Land* (state) of North Rhine-Westphalia displayed great compassion and farsightedness: Franz Meyers (CDU) and Heinz Kühn (SPD). In the election campaign for the *Landtag* (state parliament) in 1962 Meyers made the following comment about the Ruhr: "The critical decisions concerning the fundamental issues on which our public life will be shaped in the future are being made in this Rhineland-Westphalian industrial region, not only in economic and social terms but also in regard to society and national politics." The ebullient Rhinelander Meyers did much to set the course for structural changes. He pushed through the construction of the Opel plant in Bochum. The first foundation of a new university in the young Federal Republic of Germany, the Ruhr University of Bochum, also fell in the Meyers era. In 1968 Heinz Kühn was able to introduce a five-year Ruhr Development Plan. He was the first to recognize that the region needed not only tangible structural transformation but also an image change: "Ultimately, we need to convey even better information about the true circumstances in the Ruhr, not only in the region itself but also nationally and abroad."

In the 1960s, however, an image change was still written in the stars. The people's despair necessitated more fundamental solutions in order to prevent the spread of a paralyzing deathlike stillness over the Ruhr. There was very little hope of a turn for the good. Coal and steel

Gelsenkirchen, ehemaliges Steinkohle-Bergwerk Zeche Consolidation
Gelsenkirchen, former Consolidation Hard-Coal Mine

se, sollte sich im Revier nicht eine lähmende Grabesstille ausbreiten. Es bestand nur wenig Hoffnung auf eine Wende zum Guten. Kohle und Stahl waren über Jahrzehnte so dominant gewesen, dass das gesamte Städtekonglomerat des Ruhrgebiets ökonomisch davon abhing. Bedingt durch die einsetzenden staatlichen Kohlesubventionen wurde sehr lange an der ruhmreichen Montanvergangenheit festgehalten. Davon Abschied zu nehmen, fiel auch mir schwer. Schließlich verband sich mit Kohle und Stahl der Mythos Ruhrgebiet, der auch für die Solidarität der Menschen untereinander stand.

Doch die Bewohner blieben nicht tatenlos. Wenn sie in den Berg- und Talfahrten der Montanindustrie eines gelernt hatten, war es ein zuversichtlicher Pragmatismus. Sie betraten neue Wege und schafften so eine Wiederauferstehung des Ruhrgebiets als moderner Ruhrregion. Ich konnte darüber berichten, wie durch hohen Technikstandard und die Erweiterung des Infrastrukturnetzes sich neue Handels- und Dienstleistungsbranchen ansiedelten. In den Fokus rückten auch zunehmend Wissenschaft und Kultur: Nach der Gründung der Ruhr-Universität Bochum folgten bis 1974 die Universität Dortmund, die Gesamthochschulen Duisburg und Essen (2003 fusioniert zur Universität Duisburg-Essen) sowie die FernUniversität Hagen, was maßgeblich Johannes Rau, dem damaligen Minister für Wissenschaft und Forschung in Nordrhein-Westfalen, zu verdanken war.

Mit dem Klavierfestival Ruhr, den reformierten Ruhrfestspielen sowie der Ruhrtriennale konnten sich ab Ende der 80er-Jahre und über die Jahrtausendwende hinaus Festivals etablieren, welche die Region vernetzen und wichtige Akzente in der internationalen Kulturlandschaft setzen. Doch davon erfuhr ich lange Zeit nur aus der Ferne. 1970 wurde ich Auslandskorrespondent der ARD, zunächst in Moskau, damals Hauptstadt der UdSSR.

In der Sowjetunion war freie Berichterstattung am Ende des Kalten Krieges mehr als schwierig. Das galt insbesondere für das Fernsehen. So kam ich anfangs nur zum Zuge, wenn es um bilaterale deutsch-

had been so dominant over the decades that the entire urban conglomerate of the Ruhr was economically dependent on them. Because of incipient state coal subsidies the region clung to its glorious mining past for a long time. For me, too, it was difficult to take leave of this past. After all, coal and steel were tied to the myth of the Ruhr, a myth which also stood for solidarity among the people living there.

But the inhabitants of the Ruhr did not remain idle. If they had learned anything from the ups and downs of the mining industry, it was optimistic pragmatism. They tread new paths and in doing so caused a resurgence of the Ruhr as a modern region. I reported on the relocation of new trade and service businesses due to the region's high technical standards and infrastructure enhancements. Science and culture moved increasingly into the centre of focus: by 1974 the foundation of the Ruhr University of Bochum had been followed by the new University of Dortmund, the comprehensive universities of Duisburg and Essen, which amalgamated into the University Duisburg-Essen in 2003, and the FernUniversität (open university) in Hagen – mostly thanks to Johannes Rau, who was Minister for Science and Research in North Rhine-Westphalia at the time.

Since the end of the 1980s and into the new millennium, festivals such as the Ruhr Piano Festival, the revitalized Ruhr Festival and the Ruhrtriennale have worked to connect the region and have left their mark on the international cultural landscape.

For a long time I heard about these developments only from a distance. In 1970 I became foreign correspondent for ARD (an associa-

Oberhausen, Burg Vondern (erste Erwähnung im 13. Jahrhundert) – gelegen zwischen der A 42 (Emscherschnellweg) und den Anlagen des Verschiebebahnhofes Osterfeld-Süd

Oberhausen, Vondern Castle (documented back to the 13th century), located between the A 42 motorway (Emscherschnellweg) and the Osterfeld-South switchyard

sowjetische Angelegenheiten ging. Das Ruhrgebiet begegnete mir in Moskau in Gestalt von Berthold Beitz. Er hatte bereits Jahre vorher Kontakt zum Chef der Kommunistischen Partei der Sowjetunion, Nikita Chruschtschow, aufgenommen. Das war damals ein Akt von unglaublicher Kühnheit, der in Ost und West größte Aufmerksamkeit erregte. Ausgerechnet der Generalbevollmächtigte der Firma Krupp begann inmitten der Ost/West-Konfrontation den Dialog mit dem gefürchteten Führer des Sowjetimperiums.

Der mutige Schritt löste langsam eine historische Kettenreaktion aus. Der Eiserne Vorhang öffnete sich ein wenig für wirtschaftliche Beziehungen zwischen den Blöcken. Otto Wolff von Amerongen, Präsident des Deutschen Industrie- und Handelstages, folgte Berthold Beitz. Er bereitete erste Handelsverträge mit China und der UdSSR vor. Und unter dem Vorstandsvorsitz von Egon Overbeck bei der Mannesmann AG wurde das spektakuläre Erdgas-Röhrengeschäft abgeschlossen: Großrohre von Mannesmann lieferte man für den Pipelinebau in die Sowjetunion, im Gegenzug erhielt der Ruhrgas-Konzern sowjetisches Gas.

Die Verhältnisse nahmen zuweilen bizarre Züge an. Es war zwar schwierig, ein Telefongespräch von Moskau nach Deutschland zustande zu bringen, hingegen strömte seit 1973 sibirisches Gas durch deutsche Rohre ungehindert von Ost nach West. Die Initiative aus dem Ruhrgebiet machte es möglich. Es hatte in der UdSSR einerseits wegen seiner Rüstungsbetriebe während des Weltkrieges keinen besonders guten Ruf, andererseits war es wegen seiner Bergbautradition bekannt und auch beliebt. Im ukrainischen Donetzbecken gab es ähnliche Montan-Strukturen. Erzählte man dort vom Ruhrgebiet, wurde man als „Kumpel" anerkannt.

Allerdings gab es auch andere Analogien, die nicht so schmeichelhaft waren. Aufgrund des Städteverfalls, der Landschaftsdeformation und der Umweltverschmutzung wurde das Ruhrgebiet manchmal mit der Sowjetunion gleichgesetzt, auch Vergleiche mit Ostdeutschland waren zu hören. Zynisch bescheinigte man den Revierstädten etwa den Charme von DDR-Plattenbauten. Als ARD-Korrespondent in der

tion of public broadcasting stations in the Federal Republic of Germany), initially in Moscow, at that time the capital of the Union of Soviet Socialist Republics.

Independent reporting in the Soviet Union at the end of the Cold War was more than difficult, particularly for television. Thus at the beginning my only chances revolved around bilateral German-Soviet concerns. I encountered the Ruhr in Moscow in the form of Berthold Beitz. Years earlier, he had already established contacts to the head of the Soviet Union's Communist Party, Nikita Khrushchev. That was an act of unbelievable audacity at the time, and it inspired great interest in both the East and the West. As an agent of the Krupp firm, he of all people had begun the dialogue with the feared leader of the Soviet empire in the midst of the East-West confrontation.

His courageous step slowly set off a historic chain reaction. The Iron Curtain opened a little for economic relations between the blocks. Otto Wolff von Amerongen, president of the Deutscher Industrie- und Handelstag (German Industry and Commerce Association), followed Berthold Beitz. He prepared the first trade contracts with China and the USSR. And under chairman of the board Egon Overbeck of Mannesmann AG, a spectacular business deal involving the natural gas pipeline was concluded: Mannesmann delivered large pipes for the pipeline construction in the Soviet Union, and in return Ruhrgas received Soviet gas. The situation sometimes seemed bizarre. It was difficult to place a telephone call from Moscow to Germany, but starting in 1973 Siberian gas flowed through German pipes from East to West without obstruction. The initiative from the Ruhr had made it possible. On the one hand the region did not have a particularly good reputation in the USSR because of its armament factories during the Second World War, but on the other hand it was well-known and also popular for its mining tradition. There were similar coal mining and steel complexes in the Donetz Basin in the Ukraine. If you mentioned the Ruhr there, you were acknowledged as a *Kumpel*, or fellow pitman.

DDR (1977–1982) gingen mir solche Vergleiche auf die Nerven. Die Verhältnisse waren völlig unterschiedlich. Wenn ich vom 13. Stock meiner Ost-Berliner Wohnung in der Leipziger Straße 66 auf die Mauer blickte, schien die politische Hoffnung auf eine Wiedervereinigung von Deutschland viel aussichtsloser zu sein als die auf einen Strukturwandel im Ruhrgebiet. Inzwischen weiß ich, dass beide Wunder möglich sind.

Als ich 1982 Korrespondent in den USA wurde, begegnete mir das Ruhrgebiet an verschiedenen Orten wieder, die jahrzehntelang von Kohle und Stahl geprägt worden waren und nun durch die gleiche Montankrise gingen wie mein heimatliches Revier. Dramatischen Zusammenbruch und Verfall konnte ich in Virginia, in Pittsburgh, am Ohio und um Buffalo beobachten. Leblos und ausgeschlachtet, wie monströse Kadaver, präsentierten sich mir einst pulsierende Industriegiganten. Die Weltmacht Nummer 1 durchlitt seinerzeit die schwerste Rezession nach der Großen Depression.

Doch es zeigten sich damals schon starke Ansätze von wirtschaftlichen Neuerungen. Auch hier gründete man Universitäten in den Krisenregionen. Forschung und modernste Technologie wurden angekurbelt, Unternehmen für Dienstleistungen und Informatik angesiedelt. Hightech war der Schlüsselbegriff für eine vielversprechende Zukunft. Mit ihrer Aufgeschlossenheit und Selbstironie, ihrem Behauptungswillen und ihrer nachbarschaftlichen Hilfsbereitschaft erinnerten mich die Amerikaner an die Menschen im Ruhrgebiet. „Wenn die das in der Neuen Welt schaffen, dann schaffen auch unsere Kumpel den Wandel", sagte ich mir.

1988 wurde ich zum WDR nach Köln zurückgerufen, wo ich im Fernsehen die Aufgabe als Chefredakteur und Leiter des Programmbereichs Politik und Zeitgeschehen zu übernehmen hatte. Meine amerikanischen Freunde bedauerten mich. „Europe is dead", ließen sie mich wissen.

Of course there were also other analogies that were not so flattering. The Ruhr was sometimes compared to the Soviet Union because of the decline of the cities, the deformation of the landscape and the environmental pollution. Comparisons to East Germany were also to be heard. The coal-mining cities of the Ruhr were cynically said to have the charm of the East German *Plattenbauten* (prefabricated concrete slab housing developments). As ARD correspondent in the German Democratic Republic from 1977 to 1982, such comparisons annoyed me. The circumstances were completely different. When I looked out of my East Berlin apartment on the 13th floor of Leipziger Strasse 66 toward the Wall, the political hopes for the reunification of Germany seemed much less plausible than the prospect of structural transformation in the Ruhr. By now I know that both wonders are possible.

When I became correspondent in the USA in 1982, I encountered the Ruhr again at various places that had been shaped for decades by coal and steel and were now undergoing the same crisis as my native district.

I observed the industry's dramatic collapse and decline in Virginia, in Pittsburgh, on the Ohio and around Buffalo, where once pulsating industrial giants appeared lifeless and cannibalized, like monstrous corpses. At that time the world's number one power was undergoing the worst recession since the Great Depression.

But strong beginnings of economic revival were also showing at the time. There, too, universities were founded in the crisis regions. Research and up-to-date technologies were boosted, and service-oriented businesses and computer science firms were brought in. High tech was the key term for a promising future. With their open-mindedness and self-irony, their will to pull through and their neighbourly readiness to help, the Americans reminded me of the people in the Ruhr. "If they can accomplish this change in the New World, then our pitmen will also accomplish it," I told myself.

Mich erwartete jedoch ein anderes Bild, als ich zurückkehrte. Im Ruhrgebiet ging es hoch her. Erbittert wurde gegen die Stahlkrise angekämpft. In Sondersendungen hatte ich genügend Gelegenheit, mich vor Ort mit den dramatischen Auseinandersetzungen zu befassen. Doch der Arbeitskampf an Rhein und Ruhr geriet schnell in den Schatten eines anderen unglaublichen Weltereignisses: des Falls der Mauer in Berlin und des Eisernen Vorhangs in Europa. Die Ost/West-Konfrontation fand ein ebenso abruptes wie friedliches Ende.

Der Traum vom ewigen Frieden endete leider sehr schnell. 1991, also nur ein Jahr nach der Deutschen Einheit, brachte der Golfkrieg die Welt wieder an den Rand einer globalen Konfrontation. Damit nicht genug, entbrannte ein fürchterlicher Bruderkrieg auf dem Balkan. Über diese Geschehnisse traten die erbittert ausgetragenen Konflikte im Ruhrgebiet in den Hintergrund. Dennoch führten mich die eruptiven, meist schmerzlichen Entwicklungen des Strukturwandels immer wieder in die Region. In Erinnerung blieb mir vor allem, wie sich die Arbeiterschaft des Dortmunder Stahl- und Montanunternehmens Hoesch AG leidenschaftlich, aber erfolglos gegen die Übernahme durch den Krupp-Konzern wehrte.

Die Begriffe Ruhrgebiet und Krise wurden lange Zeit als Synonyme verwendet. Für mich, der ich Fußball als großes Theater genieße, gab es noch eine weitere Analogie – nämlich die zu Fritz Szepan. Szepan war mit Schalke sechsmal Deutscher Meister geworden. Er war Kapitän der Deutschen Nationalmannschaft und in den 60er-Jahren Präsident des FC Schalke 04. An seinem Lebensabend besaß einer der erfolgreichsten Nationalspieler der Vorkriegszeit nur einen kleinen Lottoladen in Gelsenkirchen – und musste 1971 noch den Bundesliga-Skandal erleben, bei dem Schalke gegen Bestechungsgelder Arminia Bielefeld absichtlich gewinnen ließ. Ich habe darüber berichtet. Die Tragödie dieses großen Sportlers und seines Vereins ging mir sehr nahe.

Wie im Sport Eklats vergessen werden, so überwand auch das Ruhrgebiet seine Dauerkrise. Im Fußball gelang das auf spektakuläre Wei-

In 1988 I was called back to the WDR in Cologne, where I was to take over the job of chief editor and director of programming in politics and current events for television. My American friends felt sorry for me. "Europe is dead," they told me.

But a different picture awaited me when I returned. Big things were happening in the Ruhr. A bitter struggle against the steel crisis was taking place. In special programs I had ample opportunity to investigate the dramatic confrontations on site. But the labour disputes on the Rhine and Ruhr were soon overshadowed by another incredible world event: the fall of the Wall in Berlin and the Iron Curtain in Europe. The East-West confrontation found an end that was as abrupt as it was peaceful.

The dream of lasting peace unfortunately ended very quickly. In 1991, only one year after the German reunification, the Gulf War brought the world to the brink of a global confrontation once again. As if this was not enough, a terrible civil war flared up in the Balkans. The grimly played-out conflicts in the Ruhr took a backseat to these other events. Nonetheless the eruptive, mostly bitter developments in the course of the Ruhr's structural transformation took me to the region again and again. I remember in particular how the labour force of the Dortmund steel and mining firm Hoesch AG passionately but unsuccessfully resisted takeover by Krupp.

For a long time the terms Ruhr and crisis were used as synonyms. For me, as someone who enjoys football as great theatre, there was another analogy – namely that of Fritz Szepan. With the Schalke club Szepan had been German Champion six times. He was captain of the German National Team and was president of FC Schalke 04 in the 1960s. But at the end of his life one of the most successful national players of the pre-war period owned nothing more than a little lottery shop in Gelsenkirchen – and in 1971 he even had to witness a scandal in the Federal League, when Schalke took bribes to let Arminia Bielefeld win. I reported on this. The tragedy of a great sportsman and his club affected me deeply.

Bergkamen, Halde Großes Holz mit dem Namen gebenden aufgeforsteten Buchenwald
Bergkamen, Grosses Holz spoil tip, named for the surrounding beech woods

se. Borussia Dortmund wurde 1995, 1996 und 2002 Deutscher Meister, gewann 1997 die Champions League. Im gleichen Jahr konnte sich der FC Schalke 04 mit seiner großen Anhängerschar über den Gewinn des UEFA-Cups freuen. „Das Herz des Fußballs schlägt im Ruhrgebiet", heißt es seitdem zutreffend, selbst wenn danach Höhenflüge dieser Art rar wurden.

Auch außerhalb der Fußballarenen kam es im Ruhrgebiet Mitte der 90er-Jahre zum allmählichen Aufschwung. War Kanzlerkandidat Willy Brandt auf seiner Wahlkampftour 1961 noch wegen seiner Forderung „Der Himmel über dem Ruhrgebiet muss wieder blau werden" belächelt worden, sorgte nicht zuletzt die Internationale Bauausstellung Emscher Park von 1989 bis 1999 für den Beginn der ökologischen Wiederherstellung und den Schutz des Ruhrgebiets. Die IBA Emscher Park schuf auch Grundlagen für den wirtschaftlichen Wandel, bewahrte mit der Umnutzung der Industriebauten das kulturelle Erbe und schenkte der Region mit den Industriedenkmälern zugleich neue kulturelle Veranstaltungsorte, die künstlerische Inspirationsquellen darstellen und dem Ruhrgebiet ein Alleinstellungsmerkmal verschaffen. Wieder hatte ich Grund, mich mit dem Revier intensiv zu beschäftigen. Diesmal mit sehr viel Genugtuung.

Als ich 1995 Intendant des WDR wurde, war das Ruhrgebiet aber noch weit davon entfernt, als kulturelle Hochburg angesehen zu werden. Mich wurmte die mangelnde Anerkennung. Nun hatte ich gegenüber den nicht hier lebenden Menschen einen gewichtigen Vorteil. Als WDR-Chef genoss ich das Privileg, die Metropolenregion von ihrer hochkulturellen Seite kennenlernen zu dürfen. Es wurde mir bewusst, welch riesiges Potential das Ruhrgebiet neben Kohle, Stahl, Energie, Fußball und Currywurst besitzt. Pro Quadratmeter sind hier mehr Kunst und Kultur zu finden als in allen anderen Regionen Europas: 120 Theater, über 100 Konzertstätten, mehr als 200 Museen, 250 Festivals und über 1 000 imposante Industriedenkmäler, die großenteils als Werkstätten für Kunst und Kultur dienen. Doch es geht hier nicht nur um Masse, sondern auch um Klasse.

Just as scandals are forgotten in sports, so the Ruhr also surmounted its long-lasting crisis. In football this occurred in a spectacular way. Borussia Dortmund became German Champion in 1995, 1996 and 2002 and won the Champion's League in 1997. That same year FC Schalke 04 with its huge fan base took delight in winning the UEFA Cup. "Football's heart beats in the Ruhr," it has been aptly said since then, even if more high flights of this type have been rare.

Gradual recovery came to the Ruhr in the 1990s outside the football stadiums as well. In 1961 chancellor candidate Willy Brandt had been belittled during his campaign tour for his demand that "The sky over the Ruhr must become blue again." By 1989, ecological restitution and protection of the Ruhr had begun, not least through the efforts of the Emscher Park Internationale Bauausstellung (International Building Exhibition). The Emscher Park IBA, a project which continued until 1999, also established a foundation for economic changes and preserved the cultural heritage through the re-use of industrial buildings. These technical monuments simultaneously provided the region with new cultural venues, which have proven to be sources of artistic inspiration and have been a unique selling point for the Ruhr. Once again there were reasons for me to concern myself intensively with the Ruhr, this time with great satisfaction.

When I became director of the WDR in 1995, the Ruhr was still far from being regarded as a cultural stronghold. This lack of appreciation rankled me. From that point on I had an important advantage over the people who did not live in the region. As WDR boss I enjoyed the privilege of getting to know the "high" cultural side of the metropolitan region. I became aware of the Ruhr's huge potential beyond coal, steel, energy, football and curry sausages. There is more art and culture to be found there per square meter than in all other regions of Europe: 120 theatres, more than 100 concert halls, more than 200 museums, 250 festivals and more than 1,000 imposing industrial monuments, which to a large extent are serving

Das Museum Folkwang in Essen, das Wilhelm-Lehmbruck-Museum in Duisburg oder das Museum am Ostwall in Dortmund zeigten (und zeigen) Aufsehen erregende Ausstellungen aus ihren international bedeutenden Beständen. Die Ruhrfestspiele reformierten sich ab 1991 unter Hansgünther Heyme zu einem „Europäischen Festival" und das Schauspielhaus Bochum war unter Claus Peymann zur innovativsten Bühne der Bundesrepublik avanciert, die auch unter Matthias Hartmann von Fachzeitschriften mehrfach als eine der besten im deutschsprachigen Raum ausgezeichnet wurde. Das Ruhrgebiet gilt inzwischen als Ballungszentrum von Kunst und Kultur. In dieser Hinsicht macht der Imagewandel große Fortschritte.

Darum hielt ich es nicht für Hochstapelei, als nach der Jahrtausendwende bekannt wurde, dass sich das Ruhrgebiet mit der Stadt Essen als Bannerträgerin um den Titel Kulturhauptstadt Europas 2010 bewerben wollte. Ich wusste, was das Revier und seine Bewohner zu leisten imstande sind. Die „Ruhris" haben keine Scheu vor großen Namen, bleiben dabei auf dem Teppich und trauen sich auch einiges zu. Einer der großen Vorteile des Ruhrgebiets ist seine Unterschätzung. Und so erschien es vielen als Sensation, als gerade diese Region im nationalen Wettbewerb bis März 2005 Städte wie Bremen, Potsdam, Karlsruhe, Regensburg, Lübeck, Halle an der Saale, Kassel und Braunschweig aus dem Rennen warf.

Der damalige Präsident der Akademie der Künste in Berlin, Adolf Muschg, hatte es nach einem Besuch des Ruhrgebiets auf den Punkt gebracht: „Was die Zeit schon abgeschrieben hatte, war ihr, als urbanistische Avantgarde, plötzlich wieder voraus. Das ehemalige Revier atmet nicht mehr Staub, sondern Zukunft!" Die Europäische Kommission spürte diesen Wandel auch und gab im April 2006 das Votum der internationalen Jury für das Ruhrgebiet als Kulturhauptstadt Europas 2010 bekannt.

Bereits die Bewerbungsphase und erst recht der Titelgewinn mobilisierten ungeahnte Kräfte, so dass die Vorbereitung der Kultur-

as workshops for art and culture. But here it is not a question of mass, but of class.

The Folkwang Museum in Essen, the Wilhelm Lehmbruck Museum in Duisburg or the Museum am Ostwall in Dortmund showed (and show) spectacular exhibitions from their internationally significant holdings. Beginning in 1991 under Hansgünther Heyme, the Ruhr Festival was transformed into a "European Festival." Under Claus Peymann, Bochum Theatre became the most innovative stage in the Federal Republic of Germany; under Matthias Hartmann it was honoured several times in trade journals as one of the best German-speaking theatres. In the meantime the Ruhr has come to be seen as a conurbation of art and culture. In this respect the image change is making great progress.

Therefore I did not consider it presumptuous when it became known after the turn of the millennium that the Ruhr, with the city of Essen as its standard-bearer, was applying for the title of European Capital of Culture for 2010. I knew what the region and its inhabitants could achieve. The "Ruhris" are not in awe of big titles, they keep their feet on the ground, and they know they are capable of quite a lot. One of the great advantages of the Ruhr is that it is underestimated. Thus it seemed like a sensation to many people when precisely this region had knocked such cities as Bremen, Potsdam, Karlsruhe, Regensburg, Lübeck, Halle an der Saale, Kassel and Braunschweig out of the national competition by March 2005.

The president of the Academy of Arts in Berlin at that time, Adolf Muschg, hit the nail on the head when he remarked, after a visit to the Ruhr, "What had already been written off was suddenly ahead of its time again, as urbanistic avant-garde. The former steel and mining district no longer breathes dust, but rather the future!" The European Commission also felt this change, and in April 2006 the international jury voted to name the Ruhr the European Capital of Culture for 2010.

Unsuspected forces were mobilized already during the competition phase and even more so after the title was awarded, so that prepara-

hauptstadt zur bislang größten Gemeinschaftsanstrengung der 53 Revierstädte wurde. Auch wenn ich zunächst andere Pläne geschmiedet hatte, wollte ich mich diesem neuen kulturellen Pioniergeist unter dem Motto „Wandel durch Kultur, Kultur durch Wandel" nicht verschließen. Für die Zeit nach meiner WDR-Intendanz hatte ich eigentlich vorgesehen, ohne Management-Aufgaben mehr Zeit mit meiner Familie zu verbringen, Bücher zu schreiben und Filme zu drehen. Doch in diesen Traum traten unversehens Bundestagspräsident Norbert Lammert, Nordrhein-Westfalens Ministerpräsident Jürgen Rüttgers und Werner Müller, Vorstandsvorsitzender des damaligen RAG-Konzerns, mit der Überlegung, ich solle die Kulturhauptstadt Europas 2010 managen. Als mich die Herren in einen „Doppelnelson-Griff" nahmen und Berthold Beitz die Aufgabe als eine Ehrensache für einen „Kruppianer" erklärte, entschloss ich mich, im April 2007 Vorsitzender Geschäftsführer der RUHR.2010 GmbH zu werden. Für mich war entscheidend, dass ich mit Oliver Scheytt den Mann an meiner Seite wusste, der als Motor und Seele der Bewerbung den Titelgewinn „Kulturhauptstadt Europas" herbeigekämpft hatte. Zusammen mit unserem Künstlerischen Direktorium und unserem Team möchten wir den Prozess des Wandels vom alten Ruhrgebiet zur Metropole Ruhr vorantreiben. Eine schönere Aufgabe kann ich mir für die alten Tage eines Jungen aus Duisburg-Meiderich nicht vorstellen.

Was ich mir in all den Jahren bewahrt habe, ist meine Leidenschaft für das Fliegen. Dies ist eine elementare Berufsvoraussetzung für einen Korrespondenten, denn der Flughafen ist immer sein zweites Zuhause. Als Tagesschau-Reporter bin ich häufig, wenn Filmaufnahmen aus der Luft gemacht wurden, mitgeflogen. Ich bin mehrfach hoch oben am Himmel in rasendem Tempo über das Ruhrgebiet hinweg gesaust; ob im „Starfighter" der deutschen Luftwaffe, in einer amerikanischen „Phantom" oder einer britischen „Canberra". Eindrucksvoll war das Bild immer, besonders nachts, wenn das erleuchtete Revier wie diamantenes Geschmeide auf schwarzem Samt schimmerte. Um unab-

tion for the role as the Capital of Culture has become the greatest communal effort to date for the 53 cities in the region. Even though I had made other plans at the time, I did not want to ignore the new cultural pioneering spirit expressed by the motto "Change through Culture, Culture though Change." I had actually planned to spend more time with my family after my WDR directorship, without any management tasks, writing books and making films. But this dream was unexpectedly interrupted by the president of the *Bundestag*, Norbert Lammert, and by North Rhine-Westphalia's *Ministerpräsident* Jürgen Rüttgers and Werner Müller, chairman of the board of what was then RAG, with the idea that I should manage the European Capital of Culture 2010. After these gentlemen got me in a full nelson and moreover Berthold Beitz had declared that it was a question of honour for a "Kruppianer," I decided in April 2007 to become chairman and managing director of RUHR.2010 GmbH. Critical for my decision was knowing that I would be joined by Oliver Scheytt, who had been the driving force behind the successful bid for the title of European Capital of Culture. Together with our artistic directors and our staff we want to promote the process of transformation from the old Ruhr to the Ruhr Metropolis. I cannot imagine a finer task for the late years of a boy from Duisburg-Meiderich.

Over all this time I have preserved my passion for flying. This is a basic job prerequisite for a correspondent because the airport is always like his second home. As a daily news reporter I often went along when aerial filming was being done. I have whizzed across the sky high over the Ruhr at a furious speed many times, in the German Air Force's "Starfighter," in an American "Phantom" or a British "Canberra." The view was always impressive, especially at night when the illuminated region sparkled like diamond jewels on black velvet. To become more

Lünen, Anflug auf den Segelflugplatz Lippewiesen
Lünen, flight approaching the Lippewiesen glider airfield

D-1583

hängiger zu sein, machte ich schließlich einen Pilotenschein für Kleinflugzeuge. Mit Cessnas konnte ich nun kreuz und quer über das Ruhrgebiet kurven. Jedes Mal war ich fasziniert von dieser einzigartigen Metropolenlandschaft.

Mein Traum, mit einem Zeppelin oder Heißluftballon über das Revier zu fahren, wartet bis heute auf seine Verwirklichung. Die Region zwischen Ruhr und Lippe ist bekanntermaßen relativ flach. Es gibt nur wenige Möglichkeiten, sich Überblicke zu verschaffen, so von den sieben „Hochpunkten" der Kulturhauptstadt: der Zeche Zollverein, dem Gasometer Oberhausen, dem Landschaftspark Duisburg-Nord, dem Tetraeder auf der Halde Emscherblick, dem Nordsternturm, dem Dortmunder U und der Halde Schurenbach. Am besten ist der Wandel, der in den vergangenen Jahrzehnten stattgefunden hat, aber zu erfassen, wenn man in niedriger Höhe über das Ruhrgebiet hinweg gleitet. Erst aus der Vogelperspektive erschließen sich die gewaltigen Dimensionen und die überwältigende Vielfalt dieser knapp 4 500 Quadratkilometer großen Metropolregion, in der urbane Stadtlandschaften, wuchtige Industrieanlagen und idyllische Natur nahtlos ineinander übergehen.

Dieser Bildband verschafft Ein- und Überblicke über das Ruhrgebiet. Es würde mich freuen, wenn die eindrucksvollen Fotografien von Jochen Knobloch bei der Betrachterin und dem Betrachter die gleiche Begeisterung für die Metropole Ruhr auslösten, wie das bei mir der Fall war. Alsdann, blättern Sie durch diesen Prachtband und machen Sie sich anschließend selbst ein Bild durch Besuche vor Ort. Sie werden erleben, dass die Metropole Ruhr am Boden noch mehr schöne Überraschungen bereit hält, als sie aus der Luft verspricht. Glück auf!

Fritz Pleitgen

independent, I finally got my pilot license for small aircrafts and was able to circle around the length and breadth of the Ruhr. I was fascinated every time by this unique metropolitan landscape.

My dream of travelling over the Ruhr in a zeppelin or a hot air balloon is still awaiting fulfilment. As is generally known, the region between the Ruhr and the Lippe rivers is relatively flat. There are only a few places where it is possible to get a panoramic view, such as the seven designated "high points" of the Capital of Culture: the Zollverein Coal Mine, the Oberhausen Gasometer, the North Duisburg Landscape Park, the Tetrahedron at the Emscherblick Spoil Tip, the Nordstern Tower, the Dortmund U and the Schurenbach Spoil Tip. But the changes that have taken place in the last decades can best be seen gliding over the Ruhr at a low altitude. Only this bird's eye view reveals the vast dimensions and the overwhelming diversity of this metropolitan region of approximately 4,500 square kilometres in which urban cityscapes, massive industrial sites and idyllic nature merge seamlessly into one another.

This volume of photographs affords such an insight into and overview of the Ruhr. I would be pleased if Jochen Knobloch's impressive photographs trigger in the observer the same enthusiasm that I feel for the Ruhr Metropolis. So, turn the pages of this splendid volume and then form your own impression by visiting the Ruhr. You will find that the Ruhr Metropolis has even more beautiful surprises in store on the ground than it promises from the air. To use the traditional miners' greeting: *Glück auf!*

Lünen, Segelflugplatz Lippewiesen

Lünen, Lippewiesen glider airfield

Lünen, Blick über die Lippewiesen auf das Steinkohlekraftwerk
Lünen, view over the Lippe River and adjacent fields toward the hard-coal plant

Hamm, Eisenbahnstrecke beim Rangierbahnhof
Hamm, railroad tracks near the switchyard

Lippe östlich von Lünen mit dem Naturfreibad Bergkamen-Heil (rechts)
The Lippe River east of Lünen with the Bergkamen-Heil open-air swimming area (right)

Datteln-Hamm-Kanal mit dem
Steinkohle-Kraftwerk
Bergkamen (vorne) und dem
Naturschutzgebiet Beversee (rechts)

Datteln-Hamm Canal with the
Bergkamen hard-coal
plant (foreground) and the Beversee
Nature Preserve (right)

Selm, Schloss Cappenberg mit der Stiftskirche (12. Jahrhundert), dem barocken Zentralgebäude und dem Wasserturm von 1899
Selm, Cappenberg Palace with the 12th century collegiate church, the Baroque main building and the water tower from 1899

Hamm, Glaselefant im Maximilianpark
(ehemalige Kohlenwäsche der Zeche Maximilian, Umgestaltung: Horst Rellecke)
Hamm, the Glass Elephant in Maximilian Park
(former coal washing plant of the Maximilian Coal Mine, redesign by Horst Rellecke)

Bergkamen, Westfälisches Sportbootzentrum – Marina Rünthe am Datteln-Hamm-Kanal
Bergkamen, Marina Rünthe, Westphalian recreation boat center on the Datteln-Hamm Canal

Bergkamen, Werk des Pharmaunternehmens Schering AG

Bergkamen, Schering AG pharmaceutical plant

Lippe bei Werne
The Lippe near Werne

Lünen, LÜNTEK-Technologiezentrum mit dem futuristischen Büromodul (Designer: Luigi Colani) auf dem Fördergerüst über Schacht IV der ehemaligen Zeche Minister Achenbach
Lünen, LÜNTEK Technology Center with the futuristic office module (designed by Luigi Colani) on the pit head frame above pit IV of the former Minister Achenbach Coal Mine

Werne mit der katholischen St. Christopherus-Pfarrkirche (rechts) und dem Kapuzinerkloster (links)

Werne with the Catholic parish church of St. Christopher (right) and the Capuchin monastery (left)

Unna mit der Evangelischen Stadtkirche
Unna with the Protestant parish church

Ruhr mit Wassergewinnungsanlage der Wasserwerke Westfalen GmbH, im Hintergrund Fröndenberg-Langschede

Ruhr River with the water catchment facility of Wasserwerke Westfalen GmbH; Fröndenberg-Langschede in the background

Golfplatz bei Fröndenberg

Golf course near Fröndenberg

Anflug auf Dortmund

Aerial approach to Dortmund

Dortmund, Flughafen
Dortmund, airport

Dortmund, Hafenanlagen am Dortmund-Ems-Kanal, im Hintergrund der Freizeitpark Fredenbaum
Dortmund, harbour complex on the Dortmund-Ems Canal; Fredenbaum recreational park in the background

Dortmund, Innenstadt mit dem RWE Tower (Gerber Architekten)

Dortmund, downtown with the RWE Tower (designed by Gerber Architekten)

Dortmund, Westfalenstadion (Signal Iduna Park) – Spielstätte von Borussia Dortmund – und Westfalenhalle

Dortmund, Westfalen Stadium (Signal Iduna Park) – home field for Borussia Dortmund – and Westfalen Hall

Dortmund-Bövinghausen, Zeche Zollern mit der Alten Verwaltung am Ehrenhof – heute Teil des LWL-Westfälischen Industriemuseums
Dortmund-Bövinghausen, Zollern Coal Mine with the old administration building on the main plaza, now part of the LWL Westphalian Museum of Industry

Dortmund, Gebäude der Deutschen Arbeitsschutzausstellung (DASA)
Dortmund, DASA Building (Exhibition of German Industrial Safety)

Herdecke an der Ruhr

Herdecke on the Ruhr

Hagen

Hagen

DELTA-FOLIEN
DELTA-FARBEN

Herdecke, Eisenbahnviadukt über die Ruhr

Herdecke, railroad viaduct over the Ruhr

Hagen-Vorhalle, Rangierbahnhof

Hagen-Vorhalle, switchyard

Herdecke, Blick über den Speichersee des Pumpspeicherkraftwerks Koepchenwerk auf den Hengsteysee
Herdecke, view over the reservoir of the Koepchenwerk pumped storage hydro power plant on Hengstey Lake

Herdecke, Pumpspeicherkraftwerk Koepchenwerk

Herdecke, Koepchenwerk pumped storage hydro power plant

Witten, Blick über die Ruhr auf das Naherholungsgebiet Hohenstein
Witten, view over the Ruhr toward the Hohenstein recreation area

Wetter an der Ruhr mit „Unser Freibad am See" e.V.
Wetter on the Ruhr with the swimming pool "Unser Freibad am See"

Hattingen-Blankenstein mit der hochmittelalterlichen Höhenburg Blankenstein

Hattingen-Blankenstein with Blankenstein Castle from the High Middle Ages

Hattingen-Blankenstein, Ruhr-Wehr

Hattingen-Blankenstein, Ruhr dam

Witten, private Universität Witten/Herdecke
Witten, the private university Witten/Herdecke

Bochum, Ruhr-Universität Bochum (RUB)
Bochum, Ruhr University Bochum (RUB)

Bochum, Innenstadt, im Hintergrund der auf dem Gelände des Deutschen Bergbau-Museums stehende Förderturm, der ursprünglich Teil der Zeche Germania in Dortmund war

Bochum, downtown; pit head frame (originally from Germania Coal Mine in Dortmund) in the distance on the grounds of the German Mining Museum

Bochum, Ruhrstadion (rewirpowerSTADION)
Bochum, Ruhr Stadium (rewirpowerSTADION)

Bochum, Opel-Werk auf dem Gelände der ehemaligen Zeche Königsgrube
Bochum, Opel plant on the site of the former Königsgrube Coal Mine

Bochum, Einkaufszentrum Ruhr-Park
Bochum, Ruhr-Park shopping center

Herne-Baukau, Wasserschloss Strünkede
mit der Schlosskapelle von 1272
Herne-Baukau, Strünkede Palace (surrounded by
water) and the palace chapel from 1272

Kanalbrücke Alte Fahrt des Dortmund-Ems-Kanals (Alte Fahrt) über die Lippe, südlich Olfen

Bridge carrying the Dortmund-Ems Canal (Alte Fahrt) over the Lippe River; Olfen to the south

Waltrop, ehemaliges Steinkohle-Bergwerk Zeche Waltrop

Waltrop, former Waltrop Hard-Coal Mine

Mündung des Rhein-Herne-Kanals (links) in den Dortmund-Ems-Kanal, im Hintergrund Datteln, im Vordergrund der Schleusenpark Waltrop

Confluence of the Rhine-Herne Canal (left) and the Dortmund-Ems Canal; Datteln in the background, Waltrop Locks Park in the foreground

Waltrop, Dortmund-Ems-Kanal und Schleusenpark mit dem neuen Hebewerk (links) sowie der neuen Schleuse (Mitte)

Waltrop, Dortmund-Ems Canal and the Locks Park with the new hoist (left) and the new lock (center)

Datteln, Neubau des Kraftwerks Datteln 4 am Dortmund-Ems-Kanal (Juni 2008)
Datteln, construction of the new Datteln 4 power station on the Dortmund-Ems Canal (June 2008)

Waltrop, altes Schiffshebewerk Henrichenburg
Waltrop, old Henrichenburg ship canal lift

Halterner Stausee mit dem Seebad (rechts)
Haltern reservoir with bathing beach (right)

Recklinghausen, Innenstadt mit dem Rathaus (unten links)

Recklinghausen, downtown with the Town Hall (lower left)

Marl, Chemiepark

Marl, Chemistry Park

Recklinghausen, ehemaliges Steinkohle-Bergwerk Zeche Recklinghausen, Schacht II
Recklinghausen, former Recklinghausen Hard-Coal Mine, pit II

Recklinghausen, Zeche Recklinghausen, Fördergerüst von Schacht II
Recklinghausen, Recklinghausen Hard-Coal Mine, pit head frame, pit II

Blick über die Halde Hoheward, südlich von Recklinghausen und Herten, auf das Kraftwerk Herne

View over the Hoheward spoil tip south of Recklinghausen and Herten, looking toward the Herne power station

Halde Hoheward, Horizontobservatorium

Hoheward spoil tip, Horizon Observatory

Gärtnerei bei Waltrop
Nursery near Waltrop

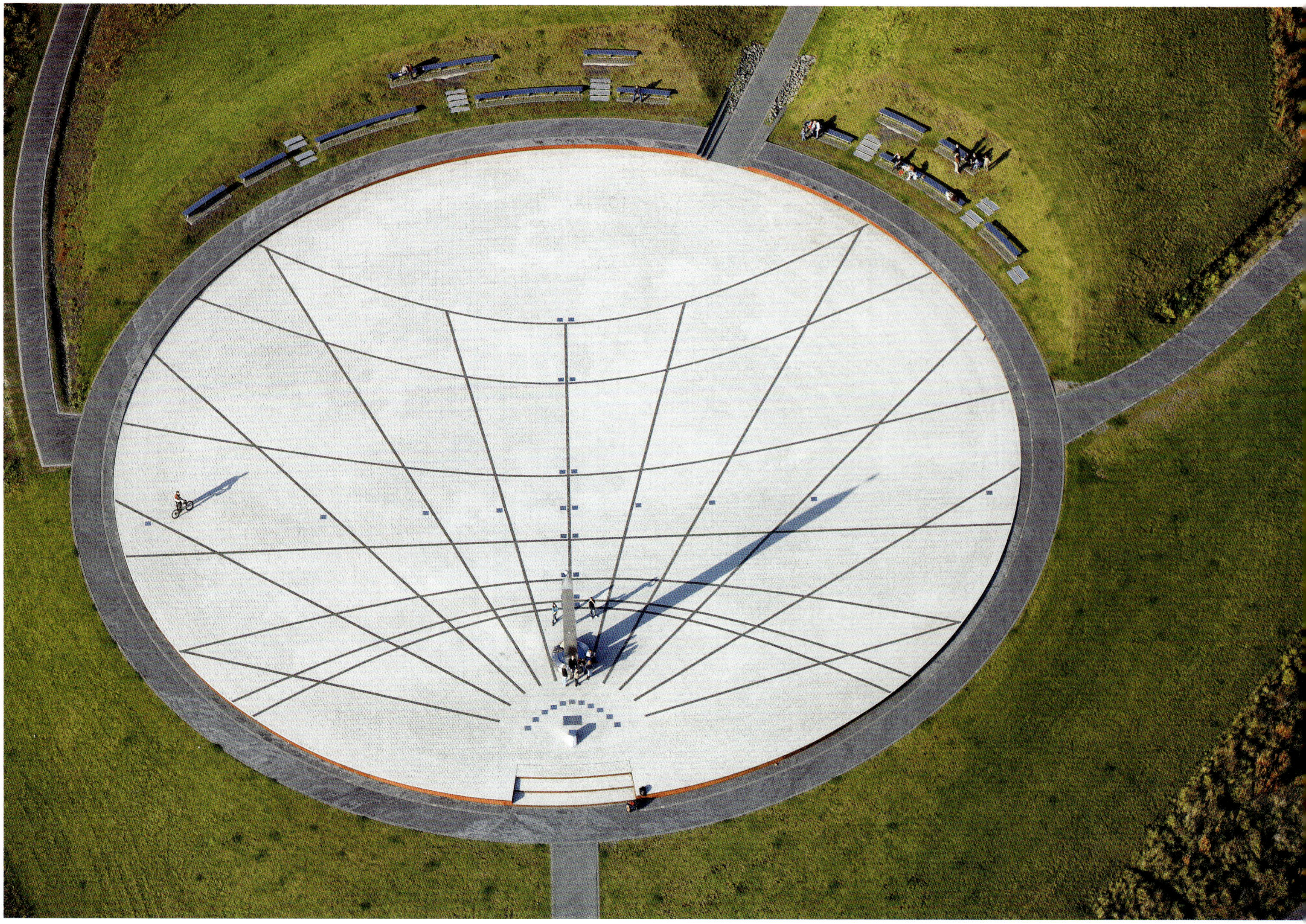

Halde Hoheward, Sonnenuhr mit Obelisk

Hoheward spoil tip, sundial with obelisk

Gelsenkirchen, Markt an der VELTINS-Arena

Gelsenkirchen, market near VELTINS Arena

GÖKCE
GARDİNEN
BBS

Gelsenkirchen, Innenstadt
Gelsenkirchen, downtown

Gelsenkirchen, Russischer Doppeldecker AN 2 auf Rundflug über der Zeche Consolidation

Gelsenkirchen, Russian AN 2 double-decker on a flight over Consolidation Coal Mine

Gelsenkirchen, VELTINS-Arena – Spielstätte des FC Schalke 04
Gelsenkirchen, VELTINS Arena – home field for FC Schalke 04

Gelsenkirchen, Schüngelbergsiedlung und Rungenberghalde

Gelsenkirchen, Schüngelberg housing development and Rungenberg spoil tip

Gelsenkirchen, Halde Rheinelbe mit der Himmelsleiter von Herman Prigann
Gelsenkirchen, Rheinelbe spoil tip with the so-called "stairway to heaven" by Herman Prigann

Gelsenkirchen, Wasserburg Schloss Berge
Gelsenkirchen, Berge Palace with moat

Herten-Langenbochum, Industriedenkmal Zeche Schlägel & Eisen mit der runden Kohlewäsche (links), Schacht 7 (Mitte) und den Schächten 3/4 (rechts)
Herten-Langenbochum, Schlägel & Eisen Coal Mine industrial monument with the round coal washing plant (left), pit 7 (center) and pits 3/4 (right)

Herne, Fortbildungsakademie Mont-Cenis mit 10 000 qm Solardachfläche
Herne, Mont-Cenis Academy for Advanced Training, with 10,000 square meters of solar roof

Essen, Kokerei Zollverein, heute Industriedenkmal und Teil des UNESCO-Welterbes Zeche Zollverein

Essen, Zollverein coking plant, now an industrial monument and part of the UNESCO World Heritage Site Zollverein Coal Mine Industrial Complex

Essen, UNESCO-Welterbe Zeche Zollverein mit dem Doppelbock von Schacht XII
Essen, Zollverein Coal Mine Industrial Complex, a UNESCO World Heritage Site, with the double hoist pit head frame from pit XII

Essen, Blick auf die Innenstadt

Essen, view of downtown

Essen, Skyline am Hauptbahnhof

Essen, skyline by the main train station

Postbank
RWE

Essen, Blick über die Villa Hügel Richtung Innenstadt
Essen, view over Hügel Villa toward downtown

Essen, Baldeneysee mit Marina

Essen, Baldeney Lake with the marina

Essen, Halde beim Autobahnkreuz Essen-Nord
Essen, spoil tip near the Essen-North motorway interchange

Essen, Baumschule bei Fischlaken unweit des Baldeneysees
Essen, tree nursery near Fischlaken close to Baldeney Lake

Autobahn A 40 – Ruhrschnellweg – bei der Anschlussstelle Essen-Kray

A 40 motorway – Ruhrschnellweg – near the Essen-Kray exit

Ruhrtalbrücke, Teil der A 52, im Stadtteil Mintard von Mülheim an der Ruhr

Ruhrtal Bridge, on the A 52 motorway in the Mintard suburb of Mülheim an der Ruhr

Mülheim an der Ruhr
Mülheim an der Ruhr

Mintarder Ruhrtalbrücke

Mintard Ruhrtal Bridge

Oberhausen, Neue Mitte – Emscherinsel zwischen Emscher und Rhein-Herne-Kanal sowie Gasometer und CentrO

Oberhausen, Neue Mitte: Emscher Island between the Emscher River and the Rhine-Herne Canal; Gasometer and CentrO

2.4.2009 - 10.1.2010
Sternstunden

Oberhausen, Neue Mitte mit dem Einkaufszentrum CentrO und dem Freizeitpark CentrO-Park
Oberhausen, Neue Mitte with the CentrO shopping center and the CentrO recreation park

Oberhausen, Wohnbebauung im Stadtteil Osterfeld
Oberhausen, housing development in the Osterfeld district

Gelsenkirchen, Halde Oberscholven und Kraftwerk Scholven
Gelsenkirchen, Oberscholven spoil tip and the Scholven power station

Gelsenkirchen-Scholven, Industrieanlagen westlich der A 52

Gelsenkirchen-Scholven, industrial complex west of the A 52 motorway

Bottrop, Movie Park Germany im Stadtteil Kirchhellen

Bottrop, Movie Park Germany in the Kirchhellen district

Bottrop, Achterbahn im Movie Park Germany
Bottrop, roller coaster in Movie Park Germany

Bottrop, Kokerei Prosper

Bottrop, Prosper coking plant

Bottrop, Tetraeder, Alpincenter und Kokerei Prosper

Bottrop, Tetrahedron, Alpine Center and Prosper coking plant

Altrhein bei Xanten
Altrhein near Xanten

Wesel mit dem Neubau der Rheinbrücke (April 2009)
Wesel with the newly constructed Rhine Bridge (April 2009)

Xanten, Archäologischer Park mit dem rekonstruierten Hafentempel
Xanten, Archaeological Park with the reconstructed Harbour Temple

Kamp-Lintfort, Zisterzienser-Kloster Kamp
Kamp-Lintfort, Kamp Cistercian Monastery

Duisburg, Universität Duisburg-Essen – Campus Duisburg
Duisburg, Duisberg-Essen University, Duisburg campus

Duisburg, Innenhafen mit dem Garten der Erinnerung (Gestaltung: Dani Karavan)

Duisburg, inland harbour with the Garden of Remembrance (designed by Dani Karavan)

Duisburg, Autobahnkreuz Kaiserberg

Duisburg, Kaiserberg motorway interchange

Duisburg, Rhein-Ruhr-Mündung mit Europas größtem Binnenhafen duisport und
der Skulptur Rheinorange von Lutz Fritsch (rechts)

Duisburg, confluence of the Ruhr and the Rhine with duisport, Europe's largest inland harbour, and the sculpture "Rheinorange" by Lutz Fritsch (right)

Duisburg, ThyssenKrupp-Stahlwerk

Duisburg, ThyssenKrupp steelworks

Duisburg, ThyssenKrupp-Werk Bruckhausen am Rhein

Duisburg, ThyssenKrupp steelworks in Bruckhausen on the Rhine

Duisburg, ThyssenKrupp-Stahlwerk
Duisburg, ThyssenKrupp steelworks

Fritz Pleitgen, geboren 1938 in Duisburg, begann seine journalistische Laufbahn 1959. Seit 1963 arbeitete er für den WDR, so von 1970 bis 1977 als ARD-Korrespondent in Moskau, von 1977 bis 1982 als Leiter des ARD-Studios in Ost-Berlin, von 1982 bis 1987 als Leiter des ARD-Studios in Washington und von 1987 bis 1988 als Leiter des ARD-Studios in New York. 1988 wurde er Chefredakteur Fernsehen und Leiter Programmbereich Politik und Zeitgeschehen beim WDR in Köln, 1994 Hörfunkdirektor. Von 1995 bis 2007 war Fritz Pleitgen Intendant des WDR, von 2001 bis 2002 Vorsitzender der ARD. Im April 2007 übernahm er den Vorsitz der Geschäftsführung der RUHR.2010 GmbH. Fritz Pleitgen veröffentlichte mehrere Bücher, die oft mit mehrteiligen Fernsehreportagen verbunden waren. Mehrfach wurde er für seine Arbeit und sein Engagement ausgezeichnet, so mit der Karlsmedaille für europäische Medien, dem Lessing-Ring und der Ehrendoktorwürde der TU Dortmund.

Jochen Knobloch, geboren 1941 in Dresden, ist seit 1966 als freier Fotograf tätig, zuerst in Leipzig und Berlin, nach seiner Übersiedlung in die Bundesrepublik in Hamburg. Neben Reportagen, Architektur- und Industrieaufnahmen gehört das Luftbild zu den Schwerpunkten seiner Arbeit. Im Hinstorff Verlag erschienen von ihm die Bände „Im Flug über die Deutsche Ostseeküste" (2005), „Im Flug über die Deutsche Nordseeküste", „Spreewald" (beide 2006), „Im Flug über Hamburg", „Im Flug über Dresden" (beide 2007), „Im Flug über Bremen", „Im Flug über Sachsen" (beide 2008) und „Im Flug über Berlin" (2009).

Nikolaj Beier, geboren 1975 in Augsburg, war seit 1996 freiberuflich als Journalist, Dramaturg, Regieassistent und Kurator tätig. Seit seiner Promotion 2007 ist er bei der RUHR.2010 GmbH in Essen beschäftigt, aktuell als Redakteur für interne und externe Kommunikation.

Margaret Will, geboren 1951 in Washington, D.C., lebt seit 1995 in Dresden. Sie ist als freie Übersetzerin tätig und hat schon mehrere Bücher des Hinstorff Verlages ins Englische übertragen.

Titelbild — Essen, UNESCO-Welterbe Zeche Zollverein mit der Zollverein School of Management and Design (rechts; Kazuyo Sejima, Ryue Nishizawa/SANAA, Tokio)
Essen, Zollverein Coal Mine Industrial Complex, a UNESCO World Heritage Site, with the Zollverein School of Management and Design on the right (Kazuyo Sejima, Ryue Nishizawa/SANAA, Tokyo)

Rücktitel — Fritz Pleitgen und Jochen Knobloch vor einem gemeinsamen Flug über das Ruhrgebiet
Fritz Pleitgen and Jochen Knobloch before starting on a flight over the Ruhr

Seite 2/3 — Essen, Skyline der Innenstadt
Essen, downtown skyline

Die Deutsche Nationalbibliothek verzeichnet diese Publikation in der Deutschen Nationalbibliografie; detaillierte bibliografische Daten sind im Internet über http://dnb.ddb.de abrufbar.

1. Auflage 2009

Herstellung: Hinstorff Verlag GmbH
Lektorat: Thomas Gallien
Karte: Stefan Jarmer
Druck und Bindung: Neumann & Nürnberger, Leipzig
Printed in Germany
ISBN 978-3-356-01325-2